AF338920

NOTICE BIOGRAPHIQUE

SUR

J.-J. MARIE HUVÉ

ARCHITECTE,

Membre de l'Institut.

— ◦❖◦ —

PARIS

IMPRIMERIE DE SCHILLER AINÉ,

Rue du Faubourg-Montmartre, 11.

—

1853

NOTICE BIOGRAPHIQUE

J.-J.-MARIE HUVÉ

ARCHITECTE,

Membre de l'Institut.

Vir probus...

S'il est des hommes qui, nés pour ainsi dire sous une mauvaise étoile, constamment poursuivis par la fatalité, aggravent encore par leur imprudence ou par leurs fautes les conséquences des malheurs dont ils sont frappés, il en est d'autres, au contraire, qui, placés par le hasard dans les conditions les plus favorables, justifient ce bonheur par leur circonspection, la droiture de leur conduite et leur capacité.

L'artiste éminent, l'homme de bien, dont nous essayons ici de retracer la vie, appartenait à cette classe d'heureux prédestinés.

Jean-Jacques-Marie Huvé est né à Versailles le 28 avril 1783. Sa naissance fut accueillie par de vives actions de grâces ; elle rendit à sa mère, alors âgée de trente-trois ans, une espérance qui commençait à l'abandonner. Son éducation première se forma au contact de ce que la France possédait en hommes les plus distingués dans les arts et dans la littérature, et qui, appelés à la cour de Louis XVI, aimaient à se réunir dans le salon de M. Huvé, son père, architecte de la famille royale et inspecteur des bâtiments du roi. Il habitait en cette qualité dans un des pavillons qui précèdent le Palais de Versailles.

Ce fut sous d'aussi heureux auspices que s'écoula l'enfance du jeune Huvé, jours d'espérances et de joies qu'il aimait tant à se rappeler, mais aussi, jours de courte durée, car le temps n'était pas loin, où la fortune de sa famille, attachée à celle de sa royale clientèle, devait en subir toutes les vicissitudes.

Aux illusions dont se bercèrent, en 1789, les meilleurs esprits, succédèrent les déceptions de 1791... M. Huvé père, homme de cœur et d'une rude énergie, s'était associé aux véritables amis du pays, pour faire triompher les principes modérés de cette réforme sociale. Le choix de ses concitoyens l'appela au poste honorable mais alors fort dangereux de maire de Versailles : il accepta cette mission, persuadé que le flot populaire pourrait être contenu dans les limites d'une sage liberté... Vaine illusion... Le flot déborda et emporta, avec le monarque, ceux qui s'étaient attachés à sa fortune.

La position de M. Huvé lui permit de rendre de nombreux services, et ce devoir qu'il remplit avec dévouement, fit peser sur lui de fatales conséquences ; il fut arraché aux siens, et enfermé au Temple.

L'incarcération du chef de la famille fit succéder au bien-être dont elle jouissait, un état de gêne dont il était difficile de prévoir l'issue. Quatre enfants étaient presque dans le besoin ; mais ils avaient pour mère une femme

aussi remarquable par les qualités du cœur que par la distinction de l'esprit. Fille d'un conseiller au parlement de
Paris, dont le nom, Pucelle, a laissé d'honorables souvenirs
dans la magistrature, elle avait contracté, au commerce des
hommes sérieux qui formaient la société habituelle de son
père, quelque chose de grave, heureusement tempéré par
l'aménité de son caractère. Elle avait compris d'avance
tout ce que devait un jour lui imposer de devoirs et le
malheur des temps et la position de son mari. Pieuse et
ferme, son âme s'était armée de résignation aux volontés
de Dieu, et de courage contre l'adversité. Retirée dans
un modeste appartement, assistée d'une pauvre ser-
vante (1) qui ne voulut jamais l'abandonner, elle se consacra avec un dévouement maternel à l'éducation de ses
enfants. Le jeune Huvé, malgré la pétulance de son caractère, et l'insouciance naturelle à son âge, sentit cependant tout ce qu'avait de sérieux sa position. Il s'opéra
en lui une transformation véritable, et il se livra avec
ardeur à l'étude.

Entré au mois de messidor an IV à l'école centrale
de Versailles, ses succès furent tels que les premiers prix
de ses classes lui étaient constamment décernés. « Votre
« oncle, disait vingt ans plus tard, un ancien professeur de
l'école centrale, M. Paillet, à un de ses neveux, dont il
était aussi le professeur au lycée de Versailles, « votre
» oncle était un jeune homme terrible ; tous les prix

---

(1) Cette excellente fille, appelée Catherine Jamin, allait à pied
deux fois par semaine à Paris, pour savoir des nouvelles du
pauvre prisonnier. Elle resta soixante ans attachée à la maison
de ses maîtres, prodiguant les soins les plus affectueux à leurs
petits enfants, qui ne la considéraient depuis longtemps que
comme une amie et un membre de la famille.

» étaient pour lui, et comme j'étais chargé de les procla-
» mer j'en éprouvais, malgré moi, une sorte de fatigue.»

Aucune connaissance ne lui était étrangère : langues anciennes et modernes, histoire naturelle, musique, astronomie, physique, sciences mathématiques, il étudiait tout avec un véritable acharnement. Le travail était pour lui autant un besoin qu'un plaisir; et ce travail porta des fruits hâtifs, car à quatorze ans il donnait des leçons particulières de mathématiques, et subvenait ainsi à une partie de ses besoins.

Lorsque les temps devinrent plus calmes, son père qui, grâce au 9 thermidor avait pu, ainsi que tant d'autres victimes, échapper au sort qui le menaçait, revint à Versailles. Après les premiers soins donnés aux débris de sa fortune, il lui fallut s'occuper de l'éducation de ses enfants. Il initia tout naturellement son fils aux éléments d'un art qu'il avait pratiqué avec tant de distinction ; il comprit toutefois, que l'avenir du jeune homme serait compromis s'il restait au foyer paternel. Il fut donc décidé qu'il irait à Paris; mais comment réaliser cette détermination? Heureusement un de ses amis (1) vint le tirer d'embarras. Il offrit au jeune Huvé un petit logement dans une maison qu'il possédait rue Saint-Jacques, n° 40, et comme un bonheur arrive rarement seul, M. Percier qui tenait en grande estime le talent et le caractère de M. Huvé père, admit son fils dans son atelier. Cet atelier, comme on le sait, était la pépinière où s'éleva la plupart des architectes les plus éminents de notre époque.

---

(1) Il s'appelait Pierre d'Aréna et était issu d'une de ces nobles familles génoises que les troubles de l'Italie avaient forcé de s'expatrier depuis longtemps.

Ce fut un grand motif de satisfaction pour le jeune Huvé, de pouvoir puiser les principes de son art à une telle source, aussi le nom de son maître fut-il toujours pour lui l'objet d'un culte religieux.

Il se distingua de bonne heure par des succès à l'école où il fut admis le 5 janvier 1805 sur la présentation de M. Percier. Combien d'efforts lui fallut-il faire pour réussir, obligé qu'il était de mener de front l'étude de l'architecture, et le soin de pourvoir à son existence !

Ainsi se passèrent les trois premières années de son séjour dans la capitale, années de travaux opiniâtres et de privations telles que jamais, ainsi qu'il le racontait souvent, il n'avait fait de feu dans sa petite chambre, quoiqu'il y travaillât souvent une partie de la nuit.

Nul doute que s'il eût pu se consacrer exclusivement à l'étude de la théorie, il eût, ainsi que son père, obtenu le prix de Rome. Mais avant tout, il lui fallait gagner le pain de chaque jour. Il obtint toutefois cinq médailles et fut admis deux fois à concourir au grand prix. Une circonstance, qui, peut-être, n'avait jamais eu de précédent, peut donner une idée exacte de son opiniâtreté au travail : il avait étudié deux projets différents sur le même programme, celui d'une orangerie ; il les exposa tous les deux, et les deux médailles lui furent décernées par le jury.

Touché de cette conduite si digne et si rare pour un jeune homme de vingt-trois ans, un entrepreneur de bâtiments, M. Guillié, possesseur d'une fortune honorablement acquise, en partie sous les ordres de M. Huvé père, arracha le fils à sa mansarde, le recueillit dans sa demeure et le traita comme son enfant.

L'avenir s'ouvrit alors pour lui, sous un aspect plus favorable.

Lorsqu'en 1808, l'Empereur, par un décret daté d'Allemagne, résolut de consacrer à la gloire de ses armées, le monument destiné par Louis XV, à l'église de la Madeleine, M. Vignon, architecte des travaux, voulant s'entourer d'agents habiles et dévoués, obtint du ministre la nomination du jeune Huvé, avec le titre de conducteur des travaux. Son zèle et sa capacité le firent bientôt nommer sous-inspecteur.

En ce même temps, Napoléon eut la pensée de prolonger la magnifique ligne des boulevards jusqu'à la barrière de Monceaux ; ce projet dont l'exécution était bien plus facile qu'aujourd'hui, exigeait un relevé exact et une estimation aussi juste que possible des propriétés qui seraient atteintes par ce percement ; il fallait surtout ne pas trop ébruiter l'opération. Ce fut à l'habileté et à la discrétion de M. Huvé que fut confié ce travail préparatoire.

En 1817, Louis XVIII rendit à sa destination première l'édifice dont le malheur des temps avait forcé d'interrompre les travaux. M. Huvé fut nommé inspecteur en chef de l'église royale de la Madeleine. Chacun sait avec quel dévouement et quelle abnégation il se consacra à cette œuvre importante.

Jusqu'ici sa position était restée fort modeste, mais dès ce moment, le bonheur s'empara de sa destinée sans l'abandonner un seul instant. Je me trompe, car il vit en 1840 briser une union, objet de tous ses vœux, et qui fut pour lui, pendant vingt-cinq ans, une source de félicité. C'est qu'en effet la personne à laquelle il avait lié son existence, Mlle Caillat, issue d'une famille notable de Lyon, que les massacres dont cette ville fut le théâtre avaient forcée de se cacher à Paris, était une de ces femmes fortes en qui la raison n'avait affaibli ni les qualités du cœur ni celles de l'esprit. Elle était pour M. Huvé, plus qu'une compagne, elle était un guide sûr, qui obviait souvent à la timidité et à l'irrésolution inhérente au caractère de son mari.

S'il avait trouvé pour son bonheur intérieur une amie aussi dévouée, un autre ami (qu'il nous soit permis de donner ce titre au personnage puissant et respectable auquel il dut une partie de sa fortune) veillait sur son avenir. M. le duc de La Rochefoucauld Doudeauville, cet homme que son amour ardent pour son pays et son inépuisable bienfaisance firent respecter et aimer de tous les partis, voulut rendre en bienveillance au fils ce qu'il avait reçu en dévouement du père.

L'occasion ne tarda pas à se présenter.

En 1817, l'architecte des hospices était malade et ne pouvait vaquer à ses fonctions ; M. le duc de Doudeauville, l'un des administrateurs généraux, proposa à M. Huvé de remplir momentanément et gratuitement la place du titulaire, offre qu'il accepta avec reconnaissance ; et lorsque M. Viel mourut, M. Huvé fut un des quatre architectes nommés pour le remplacer.

Il fit en cette qualité de nombreuses constructions et des projets plus nombreux encore, dont l'étude lui fut demandée ; et cette mesure était fort sage ; car chaque administrateur particulier faisait exécuter dans l'établissement confié à ses soins, des travaux fort utiles sans doute, mais qui ne se coordonnant pas avec un projet d'ensemble, étaient souvent détruits quelques années après leur exécution.

Les principaux établissements confiés à ses soins, furent : la Salpétrière, l'hospice de la Rochefoucauld, l'hôpital Necker, les Enfants malades, l'hospice Beaujon, la Pitié, les Incurables femmes, l'Hospice des ménages, l'Amphitéâtre général, et enfin l'Hôtel-Dieu. Il fit pour cet établissement central un projet qui dégageait entièrement les abords de Notre-Dame. Ce projet dont une partie a déjà reçu un commencement d'exécution, semble devoir se réaliser dans un temps assez prochain.

Il pensait que l'architecture ne devait pas être seulement une affaire de décoration, et que sa mission devait s'étendre sur les détails même les plus humbles. Il mit en pratique ces principes dans ia construction du marché aux vaches grasses, dont il fut chargé en 1818. Là de l'utile, et rien que de l'utile. Aussi le préfet de la Seine, qui avait eu l'occasion de voir ce marché, crut devoir charger M. Huvé d'une étude sur le déplacement ou l'amélioration des voiries qui n'étaient point assez éloignées de la capitale, et ce travail, où les connaissances scientifiques de M. Huvé purent se développer, lui attira les plus grands éloges du premier magistrat du département.

Vers la fin de 1819, le roi Louis XVIII conçut le projet de construire une résidence sur le lieu même où il avait octroyé la Charte; il voulut, par des considérations qu'il est inutile de rappeler ici, que sa personne restât étrangère à cette affaire. L'architecte devait acheter, en son nom propre, le terrain sur lequel était encore, en 1814, élevé le château de Saint-Ouen, qui depuis, ainsi que tant d'autres monuments historiques, tomba sous le marteau démolisseur de la bande noire; il devait aussi payer en son nom, les entrepreneurs employés aux travaux. Le choix d'un architecte probe et discret était indispensable, et ce choix, si bien justifié par le résultat, tomba sur M. Huvé.

Le plan de ce petit édifice, dont l'esquisse avait été tracée de la main du royal client, est parfaitement étudié; il serait difficile de trouver des dispositions mieux entendues. Quelques personnes ont paru regretter que la simplicité extérieure ne répondît pas à la richesse de l'intérieur ; mais les prescriptions, à cet égard, étaient formelles ; et d'ailleurs le besoin de décoration excessive, qui semble dominer quelques uns de nos jeunes architectes, n'était point alors une affaire de nécessité à tout prix, même au prix de la solidité, et trop souvent aussi, du bon goût.

Les travaux du château touchaient à leur achèvement, et l'architecte, pour donner une dernière main à son œuvre, se trouvait un jour à Saint-Ouen, quand Louis XVIII, qui dirigeait souvent ses promenades dans les environs, s'arrêta au pavillon, fit demander M. Huvé, et lui annonça qu'il le nommait son architecte à Compiègne. Le roi venait d'apprendre la mort de M. Berthault ; il fixa de son propre mouvement, le choix de son successeur, et pour donner encore plus de prix à la faveur qu'il se proposait d'accorder, il voulut, lui-même, lui en annoncer la nouvelle.

Satisfait d'une situation qui avait dépassé toutes ses espérances, M. Huvé ne pensait pas qu'elle pût encore s'agrandir ; mais le 30 avril 1827, il reçut un billet, dans lequel son protecteur, alors directeur général des postes, lui offrait la place d'architecte de cette administration, alors vacante par le décès du titulaire. Ce billet l'engageait à accepter cette mission, « malgré son peu d'importance. » Cette importance devint considérable par les constructions qui s'exécutèrent depuis. Les localités étaient insuffisantes, des travaux d'agrandissement et d'appropriation étaient devenus d'une nécessité absolue. La première pensée de M. Huvé fut d'isoler complétement les bâtiments de cette administration ; les flots de la population commerçante de ce quartier, les chaises de poste, les voitures publiques et particulières, qui, à toute heure de jour et de nuit, encombrent les abords de l'hô-

tel, enfin toutes les considérations de sécurité et de salu-
brité, rendaient l'adoption de ce parti indispensable ;
mais on recula devant la dépense ; et cependant elle eût
été moins considérable que celle que nécessiterait aujourd'hui la réalisation de ce projet.

Que l'on ne pense pas, toutefois qu'il ne dut qu'à la faveur, et la faveur non sollicitée, l'heureuse situation où
il se trouvait ; son mérite personnel y eut incontestable-
ment la plus grande part, et ce mérite se manifesta dans
les luttes loyales des concours.

Le palais de la Bourse venait d'être terminé, il conve-
nait d'en dégager les abords, et, comme la présence de
la salle Feydeau y mettait obstacle, sa démolition fut ré-
solue ; cependant, il ne fallait pas priver la capitale d'un
théâtre aussi éminemment national ; le ministre de la maison du roi eut alors la pensée d'acquérir une partie des ter-
rains dépendant de l'ancien hôtel du Trésor, il fit étudier
un programme et l'adressa à plusieurs architectes. M. Huvé
fut du nombre des concurrents, et son projet, soumis
ainsi que celui de ses confrères, à une commission exclusivement composée d'architectes, fut proposé au ministre,
comme le meilleur. Ce théâtre dont les dispositions sont
si heureusement combinées, malgré les difficultés du programme, et dont l'extérieur serait encore d'un meilleur
effet, s'il était environné de la place qu'avait proposée M.
Huvé, a cela de particulier que le bois a été entièrement
exclu de la grosse construction.

Il obtint aussi le premier prix dans un concours ou-
vert par la ville de Tours, en 1828, pour la construction
d'une salle de spectacle. Son projet fut, ainsi que celui
de ses concurrents, jugé par le comité consultatif des bâtiments civils.

Sur ces entrefaites, mourut M. Vignon, l'architecte de

la Madeleine. Cet architecte, sentant sa fin approcher, avait supplié le ministre de lui donner, pour successeur, celui qui l'avait si bien secondé pendant 22 ans; ce n'était que justice, et le ministre s'empressa de la rendre. Cette nomination ne fut pas seulement un acte d'équité, ce fut encore plus un acte de bonne administration. Le gouvernement, car la question avait été agitée en conseil, avait compris que celui qui avait si longtemps dirigé les travaux, qui s'était pleinement associé à l'exécution de l'œuvre, était seul capable d'en respecter et d'en compléter la pensée; de là cet ensemble, cette unité dont nos édifices modernes offrent si peu d'exemples.

Les monuments confiés à ses soins étaient achevés; la vie active, ainsi qu'il le disait lui-même, était terminée pour lui. S'il en eût été le maître, il eût goûté quelque repos, mais ceux qu'il avait habitués à ses conseils si judicieux, voulurent qu'il put faire profiter ses jeunes confrères de ses lumières et de son expérience. En conséquence, M. le ministre des travaux publics nomma, en 1837, M. Huvé membre honoraire du conseil des bâtiments civils.

Quelques années plus tard, MM. les professeurs de l'École des Beaux-Arts se l'associèrent comme membre du jury d'examen pour les concours d'achitecture.

A la révolution de 1830, M. Huvé perdit sa place d'architecte de Compiègne; c'était presque une erreur, que M. le comte de Montalivet, intendant-général de la liste civile, s'empressa de réparer, en le proposant au roi, comme membre du comité consultatif des bâtiments de la couronne, en remplacement de M. Dufour, décédé. Cette place lui rendait le titre d'architecte du roi.

La fortune, comme on le voit, n'avait cessé de lui sourire; il avait justifié ses faveurs, et par une conséquence naturelle, les honneurs vinrent le trouver à leur tour.

En 1855, le roi Louis-Philippe, lors d'une visite faite
à la Madeleine, voulant lui témoigner toute sa satisfaction,
le nomma chevalier de la Légion d'honneur ; le 26 avril
1846, il fut promu au grade d'officier dans le même ordre.

Au commencement de l'année 1838, une nouvelle se
répandit, qui fut, pour le monde artistique et surtout pour les architectes, l'objet d'un deuil général ;
M. Percier venait de mourir ! Il laissait vacante une place
à l'Institut. Par un sentiment de hautes convenances,
digne de cet illustre corps, il fut décidé que le choix de
son successeur serait ajourné pendant un certain temps.
M Huvé n'osait aspirer à la succession d'un maître aussi
éminent, mais vivement sollicité par ses amis, il se mit sur
les rangs, et, le 10 novembre 1838, il vint timidement
occuper le fauteuil qu'avait illustré son professeur.

Son mérite, la réputation qui en était la conséquence,
et sans doute aussi son caractère si conciliant, l'avaient
fait rechercher de toutes les sociétés artistiques et sa-
vantes ; et quoi qu'il fit, pour s'en défendre, les membres
de ces sociétés tenaient à honneur de lui offrir la prési-
dence. C'est ainsi qu'il fut élu président honoraire de
l'Association des Artistes, dont la fondation appartient
à M. le baron Taylor ; président de la Société libre des
Beaux-Arts ; président de la Société centrale des Architectes, et de plusieurs sociétés charitables, auxquelles il
n'avait jamais refusé son concours.

Mais ce n'était pas en France seulement que M. Huvé
était apprécié. Le roi de Prusse, autant pour faire honneur au pays, que pour récompenser l'artiste d'un travail
qu'il lui avait fait demander par son ambassadeur, le
nomma chevalier de l'Aigle-Rouge de Prusse, et la Société Royale des Architectes britanniques l'admit au
nombre de ses membres.

Un jugement sur ses ouvrages ne serait-il pas un travail superflu ? Ils sont là, tout le monde peut les apprécier. Au milieu des divergences qui se sont introduites dans les arts, comme dans la littérature, chacun examine et juge les œuvres des maîtres au point de vue de l'école qu'il a embrassée ; de là tant d'opinions contradictoires ; mais tous, sans aucun doute, reconnaîtront dans les œuvres de M. Huvé le cachet de l'individualité, et cette empreinte d'une étude approfondie, d'une entente parfaite entre l'ensemble et les détails, qui seule produit la grandeur.

Telle fut l'existence de l'artiste, existence si bien remplie : celle de l'homme n'eut rien à lui envier.

Ceux qui l'ont connu ont pu voir combien était grande sa modestie. Elle était telle, que dans les réceptions officielles, il fallait que ses confrères, par un sentiment de justice, s'effaçassent autour de lui pour qu'il fût mis en évidence. Cette timidité invincible, paralysait quelquefois cet élan, cette initiative qu'on aurait aimé à trouver en lui; il avait de lui-même une défiance inconcevable. Ce défaut, si l'on ne craint pas de donner ce nom à cette disposition d'esprit, tenait à sa nature, et peut-être aussi à la sévérité dont son père avait usé à son égard dans son enfance, sévérité qu'avait à peine pu tempérer la tendresse maternelle.

Mais cet homme, lorsque le devoir faisait entendre sa voix, n'était arrêté par aucune considération. Cette timidité native faisait place à une fermeté d'autant plus énergique, qu'elle était froide et raisonnée. Qu'il nous soit permis d'en citer quelques exemples :

C'était en 1814, l'ennemi était aux portes de Paris; ceux qui avaient mission de protéger la capitale (l'histoire a dit quelle avait été la conduite de la plupart d'entre eux), avaient fait appel au patriotisme des gardes nationaux. M. Huvé fut du nombre des rares citoyens qui se présentèrent. Posté en tirailleur près du cimetière Montmartre, il se conduisit en homme de cœur, et ne rentra dans Paris que lorsque toute défense fut déclarée inutile.

Dans les troubles civils qui ont trop souvent ensanglanté nos rues, on le trouva toujours au milieu des défenseurs de l'ordre.

Le retour des Bourbons l'avait reporté aux heureux jours de son enfance. En 1815, il crut devoir leur rester fidèle, et refusa d'apposer à un acte politique, une signature demandée à tous les employés du gouvernement. Il savait que c'était signer sa démission, il n'hésita pas, quoique sa place fût alors son seul moyen d'existence.

Sa réputation de probité était tellement établie, que lorsqu'il réclama, après la construction de Saint-Ouen, l'examen des comptes auxquels ce travail avait donné lieu, il ne put l'obtenir, et cependant il avait disposé en son nom et sans aucun contrôle, de sommes très considérables. Aujourd'hui, peut-être, ces comptes ne sont-ils pas encore vérifiés.

Sa bonté et sa charité étaient inépuisables ; et l'on en abusait souvent. Quand on le lui faisait apercevoir, loin de s'en irriter : « J'aime bien mieux, disait-il, donner à » celui qui n'a pas besoin, que de refuser à un homme » qui peut souffrir ; et d'ailleurs, a-t-on jamais déposé « son bilan, pour avoir fait quelques actes de charité ? »

Son atelier, où il forma plusieurs élèves, n'était jamais fermé à ceux qui ne pouvaient payer ses leçons. Il voulait rendre à de pauvres jeunes gens, le service qu'il avait reçu de son maître, lorsqu'il était un jeune homme pauvre.

Plein de tolérance pour les idées artistiques qu'il ne pouvait partager, il ne cherchait jamais à faire prévaloir les siennes ; il regrettait sans doute que les aspirations les plus nobles de l'art, fussent soumises, ainsi que les choses les plus futiles, aux caprices de la mode ; mais il avait trop de tact pour ne pas comprendre qu'il était aussi ridicule qu'inutile de vouloir opposer des limites, même à ses excentricités, et il laissait au temps le soin d'en faire justice.

Aussi a-t,on peine à concevoir comment son nom et ses ouvrages ont pu être mêlés à la polémique soulevée, il y a quelques années, au sujet d'un rapport fait par un de ses amis et collègues de l'Institut, sur une question architecturale. M. Huvé était resté étranger au débat; et d'ailleurs, il en eût été autrement qu'il n'eût fait qu'user d'un droit, et peut-être même remplir un devoir.

Quant aux plaisanteries dont il fut l'objet, ainsi que tant d'artistes éminents, de la part d'un des coryphées de cette littérature de bas étage, dont le rôle semble actuellement fini, loin de s'en formaliser, il se plaisait à recueillir et à communiquer les feuilles où se débitaient ces misères sans aucune portée.

Son besoin d'obliger était égal à son désintéressement ; jamais on n'y fit appel en vain. C'est ainsi qu'il construisit à titre gratuit et même onéreux pour lui, sur la prière qui lui en fut adressée par l'illustre auteur du *Génie du Christianisme*, l'hospice de Marie Thérèse, destiné à recueillir de pauvres et nobles familles que les calamités politiques avaient réduites à la misère. Il fit aussi un projet d'hôpital général pour la ville de Cherbourg, et loin de demander des honoraires, il les abandonna à ceux qui seraient chargés de l'exécution. Il guida de ses conseils sa ville natale dans les constructions importantes qu'elle fit élever ; et Cherbourg et Versailles, soit par des médailles frappées à son intention, avec l'autorisation royale, soit par des présents analogues, et plus encore, par des actes consignés dans leurs archives, ont témoigné de leur reconnaissance envers M. Huvé.

Aussi pour toutes les administrations, pour ces villes, pour ses élèves, pour les ouvriers dont il fut toujours l'ami sincère, comme pour un grand nombre de personnages, (nous pourrions citer les plus éminents du pays), la nouvelle de sa mort fut l'objet d'une affliction véritable.

Il mourut le 22 novembre 1852, sans que ses amis ni sa famille qui l'environnait de ses soins et de toute sa tendresse eussent pu prévoir un tel malheur. Il se trouvait, il est vrai, un peu fatigué depuis quelques jours ; on le priait de ne pas sortir, mais le 20 décembre, un grand devoir politique était à remplir, et, fidèle aux errements de sa vie, il ne voulut point y manquer. Le lundi 21, il avait, comme de coutume, vaqué à ses occupations, le mardi-au matin, lorsqu'on entra dans sa chambre, on vit sa bougie allumée et son livre auprès de lui. Sa figure avait conservé tant de sérénité qu'on le crut endormi... Il venait de rendre le dernier soupir.

Ainsi vécut, ainsi mourut cet homme de bien, cet artiste si distingué. Ne peut-on pas croire que Dieu, pour compléter, si l'on peut s'exprimer ainsi, une vie si heureuse, ait voulu lui accorder la mort la plus douce qu'il soit possible à l'homme d'ambitionner !

Quoique ces lignes aient été dictées par le sentiment d'une tendre affection et d'une profonde reconnaissance, néanmoins celui qui les a tracées espère que nul ne les taxera d'inexactitude ou d'exagération.

LENORMAND.

Décembre 1852.

Paris. — Imprimerie de SCHILLER aîné
11, rue du Fg-Montmartre.